Les cahiers d'écriture

Russe

Les bases

Victoria Melnikova-Suchet

Sommaire

INTRODUCTION
Un peu d'histoire 4-5
La Russie en quelques repères historiques 6-7
L'alphabet russe moderne 8-9
Comment utiliser ce cahier ? 10-11
LES VOYELLES 12-31
LES CONSONNES 32-77
ENTRAÎNEMENT – LES LETTRES DANS LEUR CONTEXTE 78-110
EXERCICES
Du manuscrit à l'imprimerie 111-112
De l'imprimerie au manuscrit 113-116
Écritures russes 117-120
Une carte postale de Russie ! 121
En route pour le supermarché ! 122
COMPLÉMENTS
Prénoms et diminutifs 123-124
Clavier d'ordinateur russe 125
LES CORRIGÉS 126-127

Introduction

Un peu d'histoire

La naissance de l'écriture sur les territoires slaves

On a cru pendant longtemps que l'apparition de l'écriture chez les Slaves était concomitante avec l'arrivée de la religion chrétienne orthodoxe en Russie, en 988. Mais des fouilles archéologiques ont montré qu'à cette époque, dans les grandes villes russes, beaucoup de gens savaient écrire. On a en effet retrouvé des inscriptions sur des vases, des tonneaux, des peignes et d'autres objets du quotidien datés des XIe et XIIe siècles. Divers documents rédigés sur de l'écorce de bouleau s'y ajoutent, et l'on connaît même l'existence d'un texte écrit par un petit garçon, qui prouve que les enfants aussi apprenaient à écrire.

Or, si l'écriture n'était apparue en Russie qu'en 988, il est peu probable qu'elle se serait immiscée aussi profondément dans toutes les strates de la société (et pas seulement dans les hautes sphères de l'État et de l'Église) en à peine cent ans. Par ailleurs, on a retrouvé sur le site archéologique de Novgorod de petits os qui auraient été destinés à l'écriture, sur de l'écorce de bouleau ou sur des planches recouvertes de cire datant du milieu du Xe siècle.

Tous ces éléments rendent donc plus vraisemblable la thèse selon laquelle les Slaves auraient su écrire avant la christianisation de la Russie. Le développement de l'édition des livres (religieux ou politiques) n'aurait été que la suite logique de la tradition écrite.

L'ancien slavon

Au milieu du Xe siècle, Cyrille et Méthode, deux frères moines originaires de Macédoine (un royaume antique au nord de la Grèce), opèrent ce qui peut s'apparenter à une petite révolution. Jusqu'alors, les messes étaient célébrées en latin, en grec ou encore en hébreu. Les deux religieux, soucieux de répandre la parole de l'évangile de façon plus efficace, commencent à prêcher dans une langue qu'ils inventent pour l'occasion : le slavon. On l'appelle aujourd'hui l'ancien slavon.

INTRODUCTION

Fondé en grande partie sur un dialecte bulgaro-macédonien, il est compris de la plupart des peuples slaves, même si chacun a ses particularités orales. Ces différences s'accentueront d'ailleurs au fil des siècles. Le caractère nouveau, inhabituel, voire étrange de cette nouvelle langue ne nuit nullement à sa divulgation ; au contraire, il lui confère une aura qui inspire le respect et tend même au sacré. Cyrille et Méthode traduisent alors des ouvrages religieux à l'aide de l'alphabet glagolitique, créé à partir de leur slavon et qui a le mérite de retranscrire plus fidèlement les sons de la langue orale slave que les lettres des alphabets grec et latin.

L'ancien slavon disparaît pourtant au cours du XIe siècle. L'Église orthodoxe le remplace par le slavon d'église, qui se combine alors avec les dialectes locaux – notamment le bulgare, le serbe, le macédonien ou le russe. De nos jours, l'Église orthodoxe russe utilise la langue qui s'est formée vers le milieu du XVIIIe siècle et qui était approuvée par le Saint-Synode (un collège spirituel mis en place en 1721 à la place du patriarcat et qui administra l'Église orthodoxe russe jusqu'en 1917).

L'écriture cyrillique

Après la mort de Cyrille et Méthode, l'un de leurs élèves élabore un nouvel alphabet à partir du travail de ses maîtres, et le baptise « alphabet cyrillique », en hommage à Cyrille. Au Xe siècle, deux alphabets sont donc en concurrence : le cyrillique et le glagolitique. Le cyrillique se répand progressivement en Serbie et dans la Russie kievienne, et le glagolitique disparaît finalement à la fin du XIe siècle.

Sur la base du cyrillique, plusieurs alphabets modernes ont vu le jour : le russe, l'ukrainien, le biélorusse, le bulgare, le macédonien et le serbe. Toutes ces langues utilisent le cyrillique, qui varie plus ou moins selon le dialecte. Il est étonnant de constater que le cyrillique russe n'a pas tellement changé en plusieurs siècles d'existence.

Alphabet glagolithique

La Russie en quelques repères historiques

Du premier siècle avant J.-C. au VIIIe siècle environ	• « Cohabitation » de différents États slaves sur le territoire approximatif de la Fédération de Russie actuelle.
De la fin du VIIIe siècle au XIIe siècle	• Kiev est la capitale de la Russie kievienne.
XIIe siècle	• Séparation de la Russie en plusieurs principautés en guerre.
1169 à 1171	• Règne d'Andreï Bogolioubski, dit « André 1er ». Il est le réunificateur des terres russes autour de la principauté de Vladimir-Souzdal. Moscou devient la capitale.
1240	• Bataille de la Neva. Le grand-prince de Novgorod, rebaptisé Alexandre Nevski, repousse une expédition en provenance de Suède.
1242	• Bataille du lac Peïpous. Alexandre Nevski repousse une attaque de chevaliers teutoniques.
De la première moitié du XIIIe siècle à la fin du XVe siècle	• La Russie est sous le joug du Khanat de la Horde d'or, dynastie mongole issue de Djötchi, fils de Gengis Khan.
1547	• Sacre d'Ivan IV dit « le Terrible », connu pour ses accès de folie et sa violence (il a notamment assassiné son fils).
Du XVIe siècle au XVIIe siècle	• Annexion de territoires et élargissement des frontières russes.
1613	• Sacre du tsar Mikhaïl, premier de la lignée des Romanov.
1682	• Sacre de Pierre 1er dit « Pierre le Grand ».
1721	• Sous le règne de Pierre le Grand, la Russie devient un Empire. • Création du Saint-Synode (collège spirituel institué à la place du patriarcat pour administrer l'Église orthodoxe russe).

INTRODUCTION

XVIIIe siècle	• Travaux du savant, historien et poète Mikhaïl Lomonossov, fondateur de l'université de Moscou. • Réforme de l'alphabet de Pierre le Grand, qui donne naissance à l'alphabet civil moderne.
1861	• Abolition du servage.
1905-1907	• Première révolution. • Création de la Douma (parlement).
1914-1918	• Première Guerre mondiale.
1917	• Grande révolution d'Octobre. • Petrograd (actuelle Saint-Pétersbourg) devient la nouvelle capitale russe. • Guerre civile.
1918	• Moscou redevient la capitale russe.
1922	• Création de l'URSS (**CCCP**). • Apparition des leaders de l'URSS : Lénine et Staline notamment. • Répressions staliniennes.
1941-1945	• Seconde Guerre mondiale.
Années 1960	• Période du dégel après la mort de Staline. • Léonid Brejnev au pouvoir en tant que secrétaire général du Parti communiste.
1985	• Arrivée de Mikhaïl Gorbatchev au pouvoir. • Mise en place de la glastnost, politique de liberté d'expression, de transparence. • Réformes économiques et sociales de la perestroïka.
1991	• Chute de l'URSS.

L'alphabet russe moderne

L'alphabet russe moderne compte 33 lettres, que l'on peut écrire en majuscules ou en minuscules, sauf les lettres **ъ** et **ь**, que l'on écrit qu'en minuscule. La majuscule **Ы**, quant à elle, est utilisée seulement dans les noms propres d'origine étrangère, car aucun mot russe ne commence par **Ы**.

Sons

Les 33 lettres de l'alphabet donnent 42 sons.

Consonnes

Les 21 consonnes donnent 36 sons ; en effet, 15 des 21 consonnes peuvent être **molles** ou **dures** selon la voyelle qui les suit. La lettre **м**, par exemple, ne se prononce pas de la même façon dans les deux mots suivants : **мал** [mal], *petit*, et **мял** [mial], *(il) froissait*. Les lettres **ж**, **ш**, **ц**, en revanche, sont toujours dures, et **ч**, **щ**, **й** toujours molles.

Voyelles

Les 10 voyelles, quant à elles, ne donnent que 6 sons et ne sont ni sonores ni sourdes. La plupart des voyelles changent de prononciation dans une position non accentuée.

> **ATTENTION :** il n'y a pas de méthode pour reconnaître les positions accentuées et non accentuées des lettres. Elles ne peuvent s'apprendre qu'avec l'usage.
> Exemple : **окно** [akno], *fenêtre*, **окна** [okna], *fenêtres*.

Fonctionnement par paires

La plupart des consonnes russes fonctionnent par paires. À une consonne **sonore** (la voix participe à l'articulation du son) correspond, par usage, une consonne **sourde** (la voix est omise lors de l'émission du son). Cette alternance est visible dans des mots où cette consonne se retrouvera dans la position finale (même suivie par un signe mou **ь**) ou devant une autre consonne sourde. La prononciation de la lettre est donc altérée.
Prenons en exemple la paire **б – п** : **бум** [boum], *boum*, mais **зуб** [zoup], *dent*, **юбка** [ioupka], *jupe*.
Dans d'autres mots, la lettre sonore va « contaminer » la sourde qui la précède : **сделать** [zdiélat^S], *faire*.
Certaines consonnes ne fonctionnent pas par paires, mais sont néanmoins sonores (**л, м, н, р**) ou sourdes (**х, ц, ч, щ**). Par conséquent, elles ont toujours la même prononciation.

INTRODUCTION

LETTRE		TRANSCRIPTION DE LA LETTRE	VOYELLE OU CONSONNE ?	SONORE OU SOURDE ?
А	а	a	voyelle	/
Б	б	bê	consonne	sonore
В	в	vê	consonne	sonore
Г	г	guê	consonne	sonore
Д	д	dê	consonne	sonore
Е	е	ié	voyelle	/
Ё	ё	io	voyelle	/
Ж	ж	jê	consonne	sonore
З	з	zê	consonne	sonore
И	и	i	voyelle	/
Й	й	ille	consonne	/
К	к	ka	consonne	sourde
Л	л	èl	consonne	sonore
М	м	èm	consonne	sonore
Н	н	èn	consonne	sonore
О	о	o	voyelle	/
П	п	pê	consonne	sourde
Р	р	èr (roulé)	consonne	sonore
С	с	es	consonne	sourde
Т	т	tê	consonne	sourde
У	у	ou	voyelle	/
Ф	ф	ef	consonne	sourde
Х	х	ha	consonne	sourde
Ц	ц	tsê	consonne	sourde
Ч	ч	tché	consonne	sourde
Ш	ш	cha	consonne	sourde
Щ	щ	chtcha	consonne	sourde
	ъ	le signe dur	/	/
	ы	i (dur)	voyelle	/
	ь	le signe mou	/	/
Э	э	ê	voyelle	/
Ю	ю	iou	voyelle	/
Я	я	ia	voyelle	/

9

Comment utiliser ce cahier ?

Ce recueil d'exercices d'écriture est conçu pour vous guider pas à pas dans l'apprentissage de la graphie russe : vous apprendrez à tracer – en caractères d'imprimerie et manuscrits – les lettres de l'alphabet, mais aussi des mots et des phrases entières. S'il ne s'agit pas d'un ouvrage de philologie, vous découvrirez néanmoins de nombreuses informations linguistiques, historiques et culturelles pour mieux comprendre l'évolution de la langue écrite, de son ancêtre l'ancien slavon à l'alphabet cyrillique russe moderne.

Ces informations seront placées dans trois types d'encadrés :

> Précisions phonétiques.

> **POUR ALLER PLUS LOIN...** Informations complémentaires sur la lettre dont il est question.

> **POINT CULTURE !** Données plus générales sur la langue et l'écriture russes.

Ce cahier est divisé en quatre chapitres :

- **Voyelles** : apprendre à tracer les voyelles de la langue russe, dans leur ordre d'apparition dans l'alphabet, et en découvrir la phonétique.

- **Consonnes** : apprendre à tracer les consonnes de la langue russe, également dans leur ordre d'apparition dans l'alphabet, et en découvrir la phonétique. Vous découvrirez à la fin de ce chapitre les deux lettres russes qui n'ont pas de prononciation propre.

- **Entraînement – les lettres dans leur contexte** : apprendre à lier les lettres entre elles, dans des syllabes et dans des mots.

- **Exercices** : s'exercer à retranscrire les caractères manuscrits en caractères d'imprimerie, et vice versa, afin d'être à l'aise avec les deux types de graphie.

INTRODUCTION

Dans les chapitres Voyelles et Consonnes, vous trouverez en page de gauche la lettre en majuscule et minuscule d'imprimerie, et en page de droite la même lettre en majuscule et minuscule manuscrites. L'écriture manuscrite russe est italique. Nous avons donc placé des lignes obliques sur les pages de droite pour vous aider à écrire selon la bonne inclinaison.

Dans les textes, chaque mot russe sera présenté comme suit :

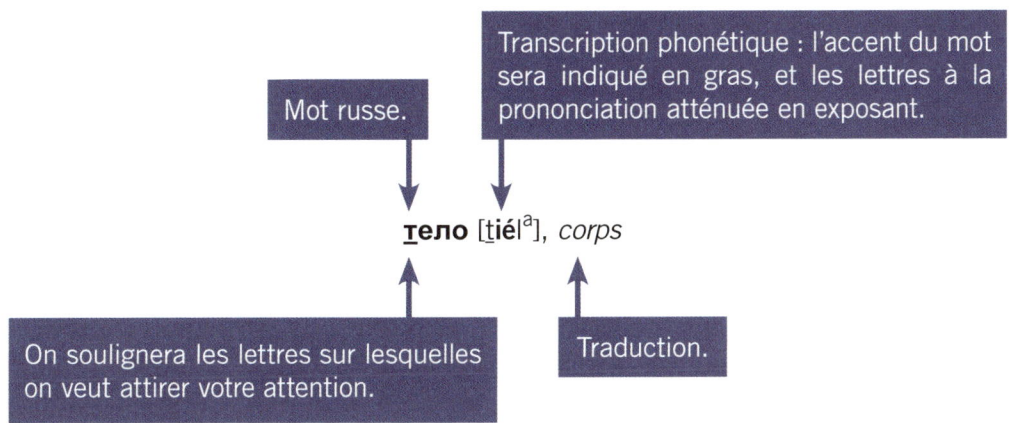

Les voyelles

A a a

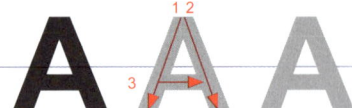

a a a

A A

a a

- Accentuée, la lettre **a** se prononce [a], comme dans **жаба** [j<u>a</u>ba], *crapaud*.
- Après des consonnes molles dans les syllabes pré-accentuées, elle peut se prononcer [i] : **часы** [tch<u>i</u>ssy], *montre*.

POINT CULTURE ! Les mots empruntés à l'allemand, aux langues scandinaves, à l'anglais, à l'italien ou au français sont présents dans de nombreux domaines de la vie russe : l'architecture (**архитектура**, architecture ; **балкон**, balcon), les administrations (**администрация**, administration ; **юстиция**, justice), l'armée (**фельдмаршал**, maréchal ; **марш**, marche), les constructions navales (**гавань**, port ; **верфь**, chantier naval ; **матрос**, matelot), diverses terminologies techniques (**прейскурант**, liste des prix ; **процент**, pourcentage), mais aussi le jardinage (**жасмин**, jasmin), la musique (**адажио**, adagio ; **тенор**, ténor), la correspondance galante et la culture (**сквер**, square ; **парламент**, parlement ; **вокзал**, gare ; **кабинет**, cabinet).

LES VOYELLES

A a

LES VOYELLES

E e [ié]

- Accentuée, la lettre **e** se prononce [ié] : **дело** [d<u>ié</u>l[a]], *affaire*, ou [ê] après une consonne dure, dans les mots empruntés à d'autres langues ou des noms propres : **ж<u>е</u>ст** [j<u>ê</u>st], *geste* ; **т<u>е</u>ннис** [t<u>ê</u>nis], *tennis* ; **Шоп<u>е</u>н** [chop<u>ê</u>n], *Chopin*.
- Non accentuée, la lettre peut donner le son [i] ou [y] (voir lettre **ы**) : **р<u>е</u>ка** [r<u>i</u>ka], *fleuve*, **ж<u>е</u>на** [j<u>y</u>na], *épouse*.

LES VOYELLES

Ee

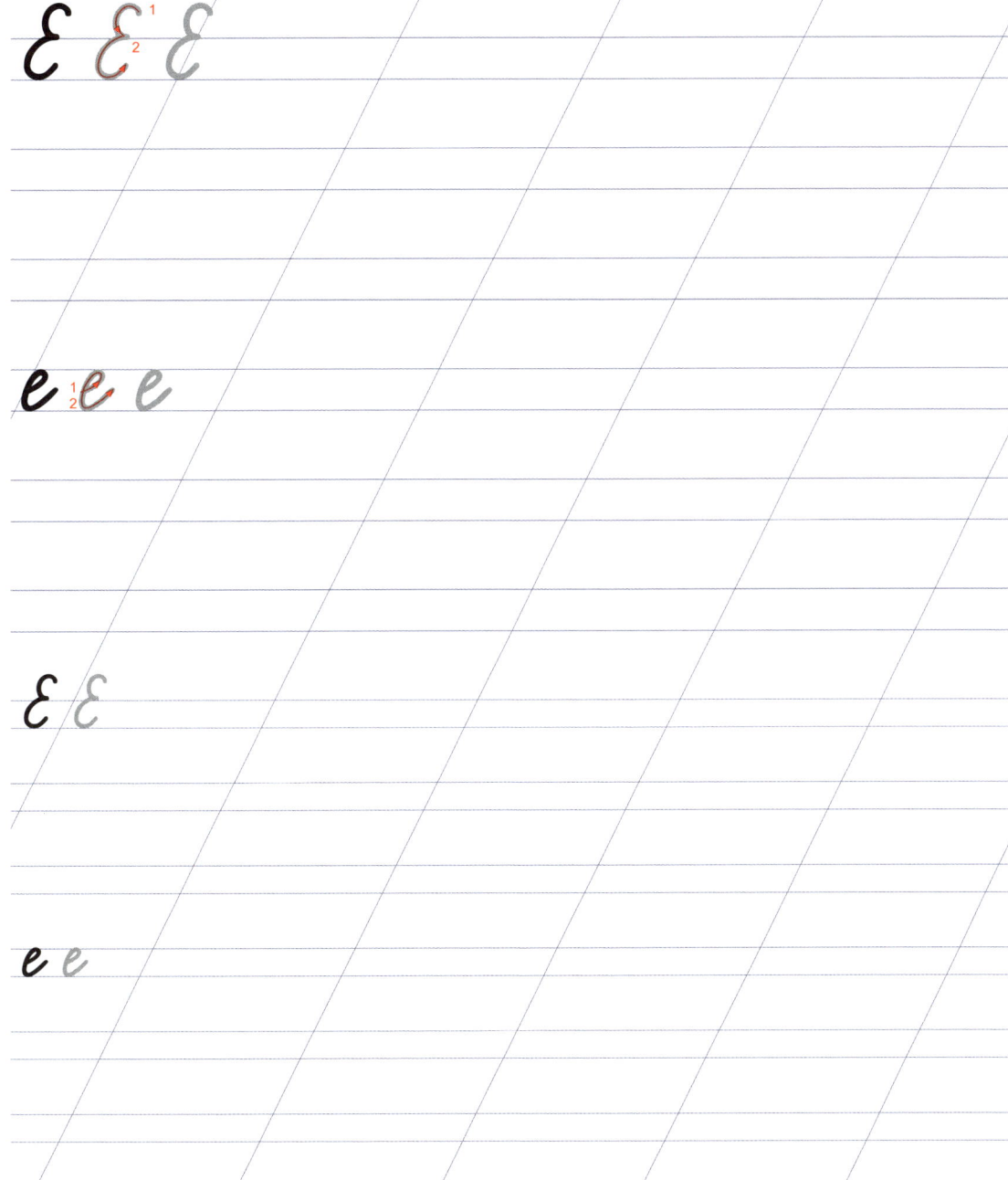

Ё ё io

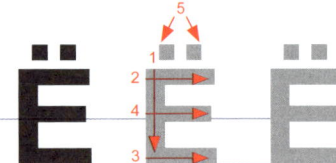

ё ё

Ё Ё

ё ё

> La lettre **ё** est toujours accentuée et se prononce [io] : **ё**жик [**io**jyk], *(petit) hérisson*.

POUR ALLER PLUS LOIN… La plus jeune lettre de l'alphabet russe a été introduite à la fin du XVIIIe siècle. Son utilisation n'a jamais eu de statut obligatoire (par opposition au **ë** de l'alphabet biélorusse, par exemple), et certains l'omettent (aussi bien en écriture manuscrite qu'à l'ordinateur) ; elle est souvent indiquée lorsque la prononciation du mot peut induire une confusion. Dans ce cas, l'accent tonique, représenté par un accent aigu, est indiqué à la place du tréma sur le **e**. La plupart des dictionnaires ne prévoient pas de section propre à cette lettre et les mots commençant par **ё** figurent dans la section **E**, en suivant l'ordre alphabétique (**едкий**, **ёж**, **еже**-).

Ëë

Ë Ë Ë

ë ë ë

Ë Ë

ë ë

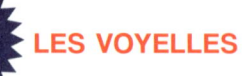

И и i

И И И

и и и

И И

и и

La lettre **и** se prononce [i] ou [y] après une consonne dure : **или** [ili], *ou* ; **жир** [jyr], *graisse*.

POINT CULTURE ! Au xe siècle, lorsque les moines Cyrille et Méthode traduisent du grec de nombreux textes religieux, des mots de la langue grecque pénètrent celle des Slaves. Les mots **икона** [ikona], *icône*, **благо** [blag^{a}], *bien*, **демон** [diém^{a}n], *démon* ou encore **монах** [manaH], *moine*, paraissent aujourd'hui très russes mais il s'agit bel et bien d'emprunts à la langue grecque !

LES VOYELLES

𝒰 u

LES VOYELLES

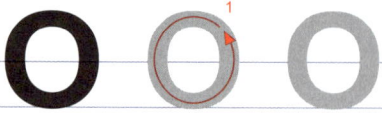

- Accentuée, la lettre **o** se prononce [o] : **р**о**за** [r**o**za], *rose*.
- Non accentuée, c'est-à-dire avant ou après une lettre accentuée, elle se transforme en [a] : **в**о**кзал** [v**a**gzal], *gare* ; loin de la lettre accentuée, elle se réduit à un son [a] très atténué : **х**о**р**о**шо** [H[a]r**a**ch**o**], *bien*.

POUR ALLER PLUS LOIN… Certains Russes (dans certains dialectes ou dans les langages parlés par les jeunes) « avalent » les lettres très atténuées : **х**о**р**о**шо** [H'rach**o**], *bien*.

LES VOYELLES

LES VOYELLES

у у ou

у у у

у у у

у у

у у

La lettre **у** se prononce [ou] : **забу́ду** [zab**ou**dou], *j'oublierai*.

POINT CULTURE ! La première grande réforme de l'alphabet russe est appliquée sous Pierre le Grand au début du XVIIIe siècle. Elle exclut plusieurs lettres de l'alphabet : Ѯ **кси** [ksi], Ѱ **пси** [psi], Ѳ **ферт** [fert], Ѡ **от** [ot], Ѵ **ижица** [ijitsa], Ѧ **юс малый** [ius malyi] (« *petit ius* »). La lettre Ѫ **юс большой** [ius bolchoï] (« *grand ius* ») avait déjà disparu. À cette époque, la lettre **э** est ajoutée, afin de marquer les mots étrangers avec un [e] qui se prononce d'une manière dure et qui ne ressemble, de ce fait, pas au son transmis par la lettre slave Є.

LES VOYELLES

Y y

**LES VOYELLES**

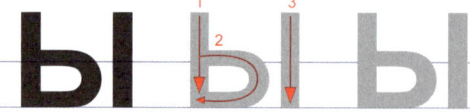

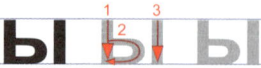

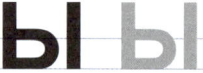

Ы ы

ы ы

> La lettre **ы** se prononce [y]. C'est un son entre [ou] et [i] : **сын** [s**y**n], *fils*, **столы** [stal**y**], *les tables*.

POUR ALLER PLUS LOIN... Cette lettre est plus fermée que le [i] ; pour bien la prononcer, placez la langue comme si vous alliez prononcer un [i] (bombez et reculez davantage la langue) et prononcez [u] avec le fond de la gorge, toujours en tendant les lèvres.

LES VOYELLES

bl bl

bl bl bl

bl bl bl

bl bl

bl bl

25

LES VOYELLES

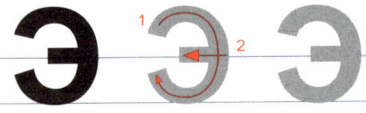

- Accentuée, la lettre **э** se prononce [ê] : **это** [êt[a]], *ce*.
- Non accentuée, elle peut donner deux sons. Dans les mots savants, on prononce [ê] : **экипировка** [êkipirofka], *équipements* ; **экслибрис** [êkslibris], *ex-libris*. Dans les mots russes ou les emprunts complètement intégrés dans la langue russe, on prononce un [i] approximatif, beaucoup plus dur, se situant entre le [y] et [ê]. Nous l'indiquerons par [ê] pour simplifier : **этаж** [êtach], *étage*.

POUR ALLER PLUS LOIN... En 1710, la lettre **э** apparaît dans l'alphabet russe. Elle est créée pour transcrire un son différent de celui marqué par la lettre existante **есть** [iést[s]].

LES VOYELLES

Э э

LES VOYELLES

Ю ю [iou]

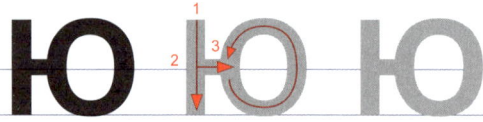

La lettre **ю** se prononce [iou] : **юг** [iouk], *sud* ; **юла** [ioula], *toupie*.

POUR ALLER PLUS LOIN… Attention, dans ces emprunts français, **ю** se prononce [ou] : **брошюра** [brach*ou*ra], *brochure* ; **жюри** [j*ou*ri], *jury*, **парашют** [parach*ou*t], *parachute*.

LES VOYELLES

Ю ю

Ю Ю Ю

ю ю ю

Ю Ю

ю ю

**LES VOYELLES**

Я я [ia]

- Accentuée, la lettre **я** se prononce [ia] : **яблоко** [**ia**blak[a]], *pomme*.
- Non accentuée, devant l'accent, elle se prononce [i] : **лягушка** [l**i**gouchka], *grenouille*.
- Non accentuée en début de mot, elle donne un son proche de celui que l'on trouve dans le mot français « fai<u>lli</u> » : **язык** [**yi**zyk], *langue*.

POUR ALLER PLUS LOIN… Fait curieux, l'ancêtre de **я**, la lettre slavonne, représentait l'union de [i] et [a], et se prononçait tout simplement [ia] !

LES VOYELLES

Я я

Les consonnes

Б б _{bê}

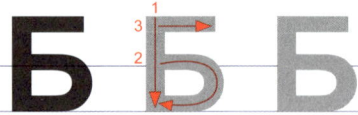

La consonne sonore **б** se prononce [b] : **б**ак [**b**ak], *réservoir*. En position finale ou devant une sourde, elle se prononce [p] : **ду**б [dou**p**], *chêne* ; **ры**б**ка** [**ry**p**ka**], *(petit) poisson*.

POINT CULTURE ! Certaines lettres cyrilliques sont clairement empruntées au grec ; d'autres qui ont été créées correspondent aux sons appartenant exclusivement à la langue des Slaves. Le glagolitique et l'ancien cyrillique, même s'ils sont différents, ont beaucoup de similitudes : ainsi, le nombre, l'ordre et les noms des lettres sont quasiment identiques. Quelques-unes d'entre elles sont absolument similaires aux glagolitiques (par exemple, **ш**-**Ⲑ**).

LES CONSONNES

33

В в vê

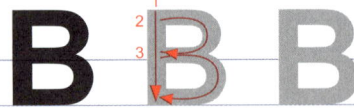

> La consonne sonore **в** se prononce [v] : **вот** [vot], *voilà*. En position finale ou devant une sourde, elle se prononce [f] : **рука̲в̲** [rouka̲f̲], *manche*, **ла̲в̲ка** [la̲f̲ka], *banc*.

POINT CULTURE ! **Азбука** [azbouka], *l'alphabet*, reprend le principe de la création du mot grec **alfabetos**, créé à partir des deux premières lettres de ce dernier : **alfa** et **beta**. Les premières lettres de l'alphabet slavon s'appelaient **az** et **bouki**, ce qui a donné **азбука**. Les créateurs de l'alphabet slavon voulurent, paraît-il, donner un sens aux noms de toutes les lettres, pour que l'alphabet en lui-même « raconte une histoire ». Il y a beaucoup d'interprétations du message « codé » de l'alphabet slavon, puisqu'il a été créé dans le but de promouvoir le christianisme et d'expliquer la foi aux peuples slaves. En tout cas, les trois premières lettres de l'alphabet slavon (л **аз** [az], б **буки** [bouki], в **веди** [viédi]) forment une phrase. En russe moderne, cela donnerait **я букву узнал** [ia boukvou ouznal] *j'ai connu la lettre*. Eh oui : **я**, *je*, n'était pas la dernière lettre de l'alphabet comme aujourd'hui !

LES CONSONNES

ℬ ℓ

LES CONSONNES

Г г guê

La consonne sonore **г** se prononce [g] : **г**о**ра** [ga**r**a], *montagne*. En position finale, elle se prononce [k] : **дру**г [drou**k**], *ami*.

POUR ALLER PLUS LOIN… Dans les mots **Бо**г [bo**H**], *Dieu*, **лё**г**кий** [lio**H**kiï], *léger*, et **мя**г**кий** [mia**H**kiï], *doux* (et leurs dérivés), **г** s'assourdit en [H].

LES CONSONNES

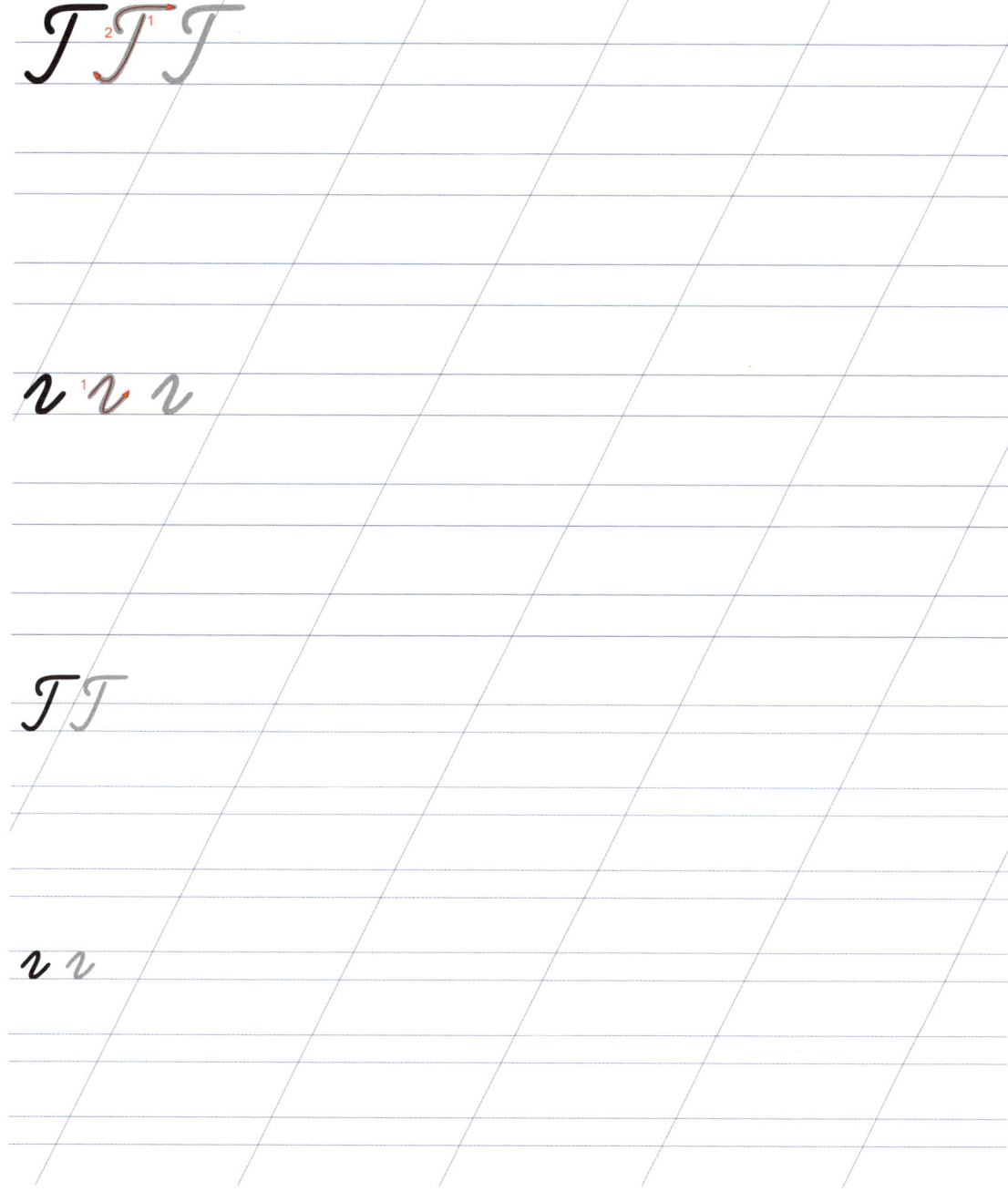

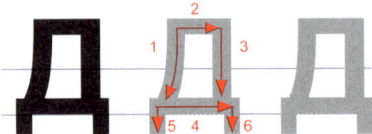

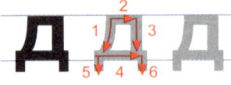

La consonne sonore **д** se prononce [d] : **дом** [dom], *maison*. En position finale ou devant une sourde, elle se prononce [t] : **год** [got], *an* ; **водка** [votka], *vodka*.

POUR ALLER PLUS LOIN... Cette lettre, issue du slavon, était nommée **добро** [dabro], *le bien*.

LES CONSONNES

LES CONSONNES

Ж ж jê

- La consonne **ж**, toujours dure et sonore, se prononce [j] : **жара** [ja**r**a], *chaleur*.
- En position finale ou devant une sourde, elle se prononce [ch] : **муж** [mou**ch**], *mari* ; **кружка** [krou**ch**ka], *tasse*.

POINT CULTURE ! La langue russe serait l'une des plus répandues dans le monde. Si l'on prend en compte le russe en tant que langue maternelle et en tant que langue secondaire, on dénombre environ 285 millions de russophones.

LES CONSONNES

𝓗 𝓱

LES CONSONNES

З з zê

- La consonne sonore **з** se prononce [z] : **зонт** [zont], *parapluie*.
- En position finale ou devant une sourde, elle se prononce [ss] : **глаз** [glass], *œil* ; **сказка** [skasska], *conte*.

POUR ALLER PLUS LOIN... La lettre **з** n'a pas beaucoup changé. Elle reprend la forme de la lettre **земля** [zimlia]. Fait curieux : lors de la réforme de Pierre le Grand au début du XVIIIe siècle, cette lettre a été enlevée de l'alphabet mais y est revenue plus tard... Le son qu'elle représente y avait finalement bien sa place !

LES CONSONNES

LES CONSONNES

Й й ille

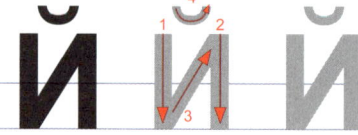

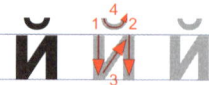

Й й

й й

Cette lettre étrange est une consonne molle. Elle apparaît surtout derrière des voyelles et très peu de mots commencent par **й**. Elle se prononce [ï] comme dans le mot *aïe* : **май** [mai<u>lle</u>], *mai* ; **<u>й</u>од** [ïot], *iode*.

POINT CULTURE ! Nous n'y pensons pas mais selon où se situent les espaces entre les mots, cela peut changer radicalement leur sens ! Observez ces quelques exemples :
задело, *cela a frôlé* / **за дело**, *pour la cause (de qqch)*
мы женаты, *nous sommes mariés* / **мы же на ты**, *mais nous nous tutoyons*
несуразные вещи, *des choses stupides* / **несу разные вещи**, *je porte un tas de choses*
я покалечилась, *je me suis blessée* / **я пока лечилась**, *pendant que je me soignais*

LES CONSONNES

Ŭ ŭ

Ŭ Ŭ Ŭ

ŭ ŭ ŭ

Ŭ Ŭ

ŭ ŭ

LES CONSONNES

К к ka

La lettre sourde **к** se prononce [k] : **кула<u>к</u>** [<u>k</u>oula<u>k</u>], *poing*.

POINT CULTURE ! Le cyrillique a été créé sur la base du grec. Les 24 lettres de l'alphabet grec ont été utilisées dans le nouvel alphabet cyrillique. Les autres lettres ont été créées par Méthode, Cyrille et leurs élèves, ou bien ont été empruntées à d'autres langues, dont on n'a plus de traces aujourd'hui.

LES CONSONNES

𝓚 𝓀

Л л èl

Л Л Л Л

л л л л

Л Л

л л

La lettre sonore **л** se prononce [l] (molle) devant les voyelles suivantes : **е**, **ё**, **и**, **ю**, **я** et devant le signe mou **ь** ; dans tous les autres cas, elle reste dure : **лук** [louk], *oignon* ; **люк** [liouk], *trappe* ; **бо**л**ь** [bol'], *douleur*.

POINT CULTURE ! Méthode et Cyrille, les deux frères macédoniens qui ont donné naissance à l'alphabet slave, ont été canonisés après leur mort pour avoir répandu la parole de Dieu. Par ailleurs, si l'on en croit les témoignages de leurs élèves, les deux frères étaient très érudits et Cyrille était polyglotte.

LES CONSONNES

Л л

LES CONSONNES

La lettre sonore **м** se prononce [m] : **мама** [m<u>a</u>m<u>a</u>], *maman*.

POINT CULTURE ! La langue russe littéraire est comprise sur tout le territoire de la Russie. Néanmoins, dans différentes régions on remarque la présence de dialectes qui peuvent différer aux niveaux phonétique, sémantique ou grammatical. Voici quelques variantes des mots de la langue littéraire :

дюже [diouj^ê] – **очень** [otchigne], *très*
худой [Houdoï] – **плохой** [plaHoï], *mauvais*
телок [tilok] – **телёнок** [tili<u>o</u>nak], *veau*
векша [vi<u>é</u>kcha] – **белка** [bi<u>é</u>lka], *écureuil*
завеска [zavi<u>é</u>ska] – **фартук** [fartouk], *tablier*

ℳ m

**LES CONSONNES**

La lettre sonore **н** se prononce [n] : **но́та** [n‌ota], *note*.

POINT CULTURE ! Les Slaves, tout comme les Grecs, n'utilisaient pas les chiffres arabes. Pour exprimer des nombres, ils employaient la valeur numérique de leurs lettres. Néanmoins, si les lettres glagolitiques ont toutes une valeur numérique, dans l'alphabet cyrillique, seules les lettres empruntées au grec en ont une. Ainsi, le А correspond bien à « 1 », mais la deuxième lettre de l'alphabet, Б, n'a pas de signification numérique car elle n'est pas empruntée au grec ; la troisième lettre В, équivaut donc à « 2 ».

LES CONSONNES

Н н

LES CONSONNES

П п pê

> La lettre sourde **п** se prononce [p] : **пульт** [<u>p</u>oul't], *télécommande*.

POINT CULTURE ! Un nom russe « complet » se compose de trois éléments : prénom, patronyme et nom de famille. Le patronyme est en réalité le prénom décliné du père de la personne. Ainsi, le père appelé **Виктор**, *Victor*, donnera à sa fille **Ирина**, *Irina*, et son fils **Сергей**, *Sergueï*, les patronymes suivants : **Ирина Викторовна** [irina viktaravna] et **Сергей Викторович** [sirguiéï viktaravitch].

LES CONSONNES

𝓝 n

LES CONSONNES

P p èr

P P P

p p p

P P

p p

La lettre sonore **p** est le fameux [r] roulé russe : **рот** [rot], *bouche*.

POUR ALLER PLUS LOIN... Pour bien prononcer ce son, il faut faire vibrer la pointe de la langue contre le palais.

LES CONSONNES

$\mathcal{P}p$

LES CONSONNES

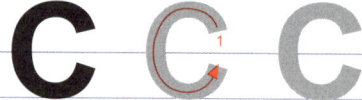

C c C

c c c

C C

c c

> La lettre sourde **c** se prononce toujours [ss] : **с**о**к** [<u>s</u>ok], *jus*, **по**с**ол** [pa<u>ss</u>ol], *amba<u>ss</u>adeur*.

POINT CULTURE ! Les linguistes se sont longtemps affrontés pour déterminer lequel des deux alphabets – cyrillique ou glagolitique – était le plus ancien. Certaines découvertes, archéologiques notamment, ont tranché : sur des parchemins datant du Moyen Âge des textes en cyrillique ont été écrits par-dessus des textes en glagolitique. Les parchemins étant à cette époque des supports précieux et coûteux (en peau de veau, de chevreau et d'agneau), on les réutilisait plusieurs fois par souci d'économie, en lavant ou en grattant les textes pour en écrire de nouveaux. Étant en dessous du cyrillique, le glagolitique serait bel et bien l'alphabet le plus ancien.

LES CONSONNES

Cc

C C C

c c c

C C

c c

LES CONSONNES

T t tê

La lettre sourde **т** se prononce [t] : **тигр** [tigr], *tigre*.

POINT CULTURE ! Le russe s'est formé à partir de l'ancien slavon vers les XIV-XVe siècles, sur la base de la langue parlée dans la région de Moscou et les territoires attenants. À partir de la deuxième moitié du XVIIe siècle, une norme littéraire commence à se définir, lissant les dialectes locaux. De nombreuses écoles laïques et militaires ouvrent leurs portes à ce moment-là et participent beaucoup à la diffusion de la nouvelle langue littéraire russe. L'écriture laïque se répand également ; après un premier journal régulier au tout début du XVIIIe siècle, différents genres littéraires fleurissent : notes, essais, correspondance, articles journalistiques… Le glissement de la langue littéraire d'église vers une nouvelle langue laïque s'accentue avec la réforme linguistique de Pierre le Grand.

LES CONSONNES

ℳ m

LES CONSONNES

Ф ф ef

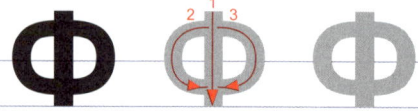

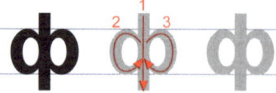

La lettre sourde **ф** se prononce [f] : **ф**он [fon], *fond*.

POUR ALLER PLUS LOIN... On pourrait croire que la lettre **Ф** vient de la lettre Ѳ **ферт** [ferte] de l'ancien cyrillique, à laquelle elle ressemble effectivement beaucoup. Pourtant, c'est impossible puisque la lettre Ѳ a été supprimée de l'alphabet au moment de la réforme de Pierre le Grand au XVIIIe siècle. **Ф** vient donc en réalité de Ѳ **фита** [fita] qui, elle, a survécu à la réforme !

LES CONSONNES

63

X x h

La lettre sourde **x** se prononce [H] ; ce son est « raclé », comme le *doch* allemand ou le *Juan* espagnol : **xaoc** [Haoss], *chaos*.

POINT CULTURE ! À propos d'écriture, nous pouvons mentionner les mots qui s'écrivent exactement de la même manière de gauche à droite et de droite à gauche : les palindromes. Attention à la prononciation : **дед** [diét], *grand-père* ; **заказ** [zakas], *commande* ; **потоп** [patop], *déluge* ; **довод** [dovat], *argument*. Des phrases entières peuvent aussi être des palindromes : **Около Миши молоко** [okal[a] michy malako], *le lait est à côté de Micha*.

LES CONSONNES

$\mathcal{X} x$

LES CONSONNES

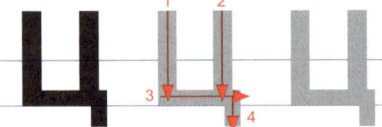

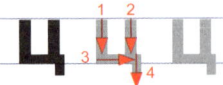

La lettre sourde **ц**, toujours dure, se prononce [ts] : **цифра** [tsyfra], *chiffre*.

POINT CULTURE ! On fait communément référence à l'œuvre d'Alexandre Pouchkine pour parler des premières normes et de la stylistique du russe littéraire moderne. La langue de sa poésie et de sa prose est une référence sur laquelle des maîtres de la littérature russe s'appuyent.

LES CONSONNES

𝓤𝓰 𝓾𝓰

Ч ч tché

La lettre sourde **ч** se prononce [tch] : **чин** [tchin], *grade*.

POINT CULTURE ! La langue russe compte trois types de prononciation liés à la géographie : le russe septentrional, le russe méridional et le russe central. Les dialectes russes septentrionaux sont marqués par la prononciation très distincte du [o] même dans les syllabes non accentuées ; la prononciation du Sud est, quant à elle, marquée par la présence du **г** sourd, très particulier. Les dialectes centraux, eux, combinent le vocalisme du Sud avec le consonantisme du Nord !

LES CONSONNES

y r

La lettre sourde **ш** se prononce [ch] : **шар** [char], *sphère*.

POINT CULTURE ! On appelle par le prénom suivi du patronyme toute personne que l'on connaît peu, un supérieur ou une personne plus âgée. L'emploi du patronyme est un signe de respect, cela montre une distance qui sépare les interlocuteurs et le vouvoiement est de rigueur. Néanmoins, parfois, les personnes qui se connaissent depuis longtemps continuent de s'appeler par le prénom suivi du patronyme, tout en se tutoyant. Il n'est pas rare qu'on appelle quelqu'un juste par son patronyme : dans ce cas, il s'agit d'une tournure plus familière ou bien ironique.

LES CONSONNES

Ul u

Ul Ul Ul

u u u

Ul Ul

u u

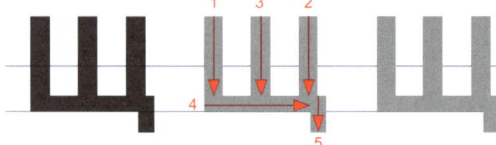

La lettre sourde **щ** se prononce approximativement comme le début du mot *chien*. Elle est compliquée à transcrire car il n'y a pas d'équivalent en français. Nous l'indiquerons par [sch] : **щётка** [schiotka], *brosse*.

POINT CULTURE ! Comme quasiment tous les mots en russe, les prénoms, les patronymes et les noms de famille se déclinent. Les noms de familles se terminant en **-ов**, **-ин**, **-ский**, **-ый** et **-ой**, ont un féminin, tandis que d'autres, par exemple, se terminant par **-ич** et **-о** n'en ont pas.

LES CONSONNES

Ug ug

Ъ signe dur

Le signe dur ъ n'a pas de prononciation propre et nous le marquerons ainsi : [°]. Pour simplifier, disons qu'il sépare la consonne de la voyelle qui le suit et rend les deux « autonomes » dans leur prononciation. La consonne qui le précède est ainsi dure. Le signe dur n'est pas très répandu dans la langue russe.

POUR ALLER PLUS LOIN… Cette lettre s'écrivait après toutes les lettres dures et à la fin des mots jusqu'en 1917.

LES CONSONNES

ь signe mou

Le signe mou **ь** n'a pas de prononciation propre. Il ramollit la consonne qui le précède. Nous l'indiquerons différemment selon la consonne : **боль** [bol'], *douleur* ; **мать** [mat^s], *mère* ; **пень** [piegne], *souche* ; **кровь** [krof^i], *sang*, etc.

LES CONSONNES

b

Entraînement – Les lettres dans leur contexte

а

ао

оа

ра

амальгама [amalgama], amalgame

батарея [batariéia], radiateur

санаторий [sanatoriï], sanatorium

авангард [avangart], avant-garde

агава [agava], agave

ENTRAÎNEMENT – LES LETTRES DANS LEUR CONTEXTE

бо

бу

еб

бабахнуть [babaHnout[s]], *faire du bruit (en tapant)*

бобёр [babior], *castor*

бубен [boubien], *tambourin*

баобаб [baabap], *baobab*

бобина [babina], *bande magnétique*

ENTRAÎNEMENT – LES LETTRES DANS LEUR CONTEXTE

во во

ев ев

ви ви

вековой [vikavoï], *séculaire* вековой

вверх [vvierH], *en haut* вверх

ваза [vaza], *vase* ваза

водовоз [vadavoss], *camion-citerne* водовоз

Вова [vova], *Vova (le prénom)* Вова

ENTRAÎNEMENT – LES LETTRES DANS LEUR CONTEXTE

г

аг

гу

гл

геолог [gui-olak], géologue

гугенот [gouginot], huguenot

Ганг [gank], Gange

гогот [gogat], ricanement

голограмма [galagrama], hologramme

ENTRAÎNEMENT – LES LETTRES DANS LEUR CONTEXTE

д

уд   уд

др   др

од   од

дадаист [dada-ist], *dadaïste*   дадаист

двухрядный [dvouHriadnyï], *à deux rangées*   двухрядный

дедуля [didoulia], *papi (terme affectueux)*   дедуля

дивиденд [dividient], *dividende*   дивиденд

додумать [dadoumat[s]], *réfléchir longuement*   додумать

ENTRAÎNEMENT – LES LETTRES DANS LEUR CONTEXTE

ео ео

ае ае

ем ем

змееяд [zmi-ié-**iat**], *circaète (oiseau)* змееяд

переехать [piri-**ié**Hat[s]], *déménager* переехать

преувеличение [pri-ouvilitch**ié**ni-ié], *exagération* преувеличение

еле – еле [**ié**li**ié**li], *à peine* еле – еле

ерепениться [[ié]rip**ié**nitsa], *rouspéter* ерепениться

83

ENTRAÎNEMENT – LES LETTRES DANS LEUR CONTEXTE

ём   ём

её   её

сё   сё

ещё [iéschio], *encore*   ещё

ёлка [iolka], *sapin*   ёлка

ёмкий [iomkiï], *d'une grande capacité (volume)*   ёмкий

ёрш [iorch], *grémille (poisson)*   ёрш

трёхколёсный [trioHkaliosnyï], *à trois roues*   трёхколёсный

ENTRAÎNEMENT – LES LETTRES DANS LEUR CONTEXTE

ж

жи жи

рж рж

ож ож

жажда [ja**j**da], *soif* жажда

жужжать [jouj**j**at^s], *bourdonner* жужжать

жижа [j**y**ja], *liquide* жижа

жжение [jj**ê**ni-ié], *combustion* жжение

жук [jouk], *scarabée* жук

ENTRAÎNEMENT – LES LETTRES DANS LEUR CONTEXTE

з

из   из

зр   зр

оз   оз

зазор [zaz**o**r], *jeu, espace libre*   зазор

зима [zim**a**], *hiver*   зима

знамя [zn**a**mia], *drapeau*   знамя

звезда [zvizd**a**], *étoile*   звезда

зять [ziat[s]], *gendre*   зять

ENTRAÎNEMENT – LES LETTRES DANS LEUR CONTEXTE

и

им им

ки ки

ио ио

идиллия [idili-ia], *idylle* идиллия

милиция [militsy-ia], *milice* милиция

излить [izlit{s}], *déverser* излить

имитация [imitatsy-ia], *imitation* имитация

истина [istina], *vérité* истина

ENTRAÎNEMENT – LES LETTRES DANS LEUR CONTEXTE

й

ой   ой

ей   ей

ий   ий

йога [ioga], yoga   йога

найти [naïti], trouver   найти

йод [iot], iode   йод

пойду [païdou], j'irai   пойду

май [maï], mai   май

ENTRAÎNEMENT – LES LETTRES DANS LEUR CONTEXTE

к

ок ок

шк шк

кв кв

какой [kakoï], *quel* какой

кактус [kaktouss], *cactus* кактус

клинок [klinok], *lame* клинок

крики [kriki], *cris* крики

кубик [koubik], *cube* кубик

ENTRAÎNEMENT – LES LETTRES DANS LEUR CONTEXTE

ул   ул

пл   пл

ль   ль

лень [liégne], *paresse*   лень

либерал [libiral], *libéral*   либерал

пломба [plomba], *plombage*   пломба

луг [louk], *champ*   луг

люлька [lioul'ka], *nacelle*   люлька

ENTRAÎNEMENT – LES LETTRES DANS LEUR CONTEXTE

м

ма

ом

см

минимум [minimoum], *minimum*

мамонт [mamant], *mammouth*

мел [miél], *craie*

мемориал [mimari-al], *monument*

мышь [mych], *souris*

ENTRAÎNEMENT – LES LETTRES DANS LEUR CONTEXTE

н

но

сн

ну

банан [ban**a**n], *banane*

нанять [nan**i**at^s], *embaucher*

ранний [r**a**nniï], *précoce*

неон [ni**o**n], *néon*

инновационный [inavatsy**o**nyï], *innovant*

ENTRAÎNEMENT – LES LETTRES DANS LEUR CONTEXTE

о

ко ко

он он

шо шо

локомотив [lakamatif], locomotive   локомотив

обоз [ab**o**ss], train de marchandises   обоз

вкус [fkouss], goût   вкус

зоопарк [zaapark], zoo   зоопарк

влево [vliév[a]], à gauche   влево

ENTRAÎNEMENT – LES LETTRES DANS LEUR CONTEXTE

п

по *по*

ип *ип*

пр *пр*

протопоп [pratapop], *archiprêtre* протопоп

пешка [piéchka], *pion* пешка

пуля [poulia], *balle (arme)* пуля

папирус [papirouss], *papyrus* папирус

припев [pripiéf], *refrain* припев

ENTRAÎNEMENT – LES LETTRES DANS LEUR CONTEXTE

р

тр тр

ри ри

ур ур

разброс [razbross], *dispersion* разброс

рука [rouka], *bras* рука

резьба [riz'ba], *filetage* резьба

раритет [raritiét], *objet rare* раритет

прыгать [prygat[s]], *sauter* прыгать

ENTRAÎNEMENT – LES LETTRES DANS LEUR CONTEXTE

с

ос ос

сл сл

вс вс

экспресс [iksprêss], *express* экспресс

себестоимость [sibisto-imost^S], *prix de revient* себестоимость

сустав [soustaf], *articulation* сустав

свисать [svissat^S], *pendre* свисать

сумасшествие [soumachêstvi-ié], *folie* сумасшествие

ENTRAÎNEMENT – LES LETTRES DANS LEUR CONTEXTE

т

те

рт

ты

табурет [tabouriét], *tabouret*

телетекст [t^{ié}l^{ié}tiékst], *télétexte*

титан [titan], *titane*

тесто [tiést^a], *pâte*

тысячелетие [tyssitchiliéti-ié], *millénaire*

ENTRAÎNEMENT – LES LETTRES DANS LEUR CONTEXTE

у

ур   ур

уй   уй

ау   ау

бурундук [bouroundouk], *tamia (écureuil)*   бурундук

ужас [**ou**jass], *effroi*   ужас

услуга [ous**lou**ga], *service*   услуга

удел [oud**ié**l], *destin*   удел

укус [ou**kou**ss], *piqûre, morsure*   укус

ENTRAÎNEMENT – LES LETTRES DANS LEUR CONTEXTE

ф

фи

фу

еф

эффект [êfiékt], effet

фарфор [farfor], porcelaine

философия [filassofi-ia], philosophie

фляжка [fliachka], gourde

фыркать [fyrkat^s], feuler (le cri d'un chat)

ENTRAÎNEMENT – LES LETTRES DANS LEUR CONTEXTE

х

хл   хл

ох   ох

ух   ух

вахта [vaHta], *garde*   вахта

хохотать [HaHatat^s], *rire aux éclats*   хохотать

хвост [Hvost], *queue*   хвост

худой [Houdoï], *maigre*   худой

уходить [ouHadit^s], *partir*   уходить

ENTRAÎNEMENT – LES LETTRES DANS LEUR CONTEXTE

Ц

цо   цо

ец   ец

сц   сц

цель [tsêlʲ], *but*   цель

цунами [tsounami], *tsunami*   цунами

полиция [palitsy-ia], *police*   полиция

кольцо [kalʲtso], *anneau*   кольцо

цыц [tsyts], *chut*   цыц

ENTRAÎNEMENT – LES LETTRES DANS LEUR CONTEXTE

ч ч

ча ча

чн чн

прачечная [pratchitchna-ia], *blanchisserie* прачечная

нечто [niétcht[a]], *quelque chose* нечто

чучело [tchoutchil[a]], *épouvantail* чучело

чадо [tchad[a]], *enfant* чадо

чихать [tchiHat[s]], *éternuer* чихать

ENTRAÎNEMENT – LES LETTRES DANS LEUR CONTEXTE

ш

шш

ыш

шу

шишка [chychka], bosse

шуршать [chourchat^s], bruire

шашка [chachka], sabre

швея [chvi-ia], couturière

шелест [chêl^ié st], bruissement

ENTRAÎNEMENT – LES LETTRES DANS LEUR CONTEXTE

Щщ

ещ

щн

щм

ощущать [aschiouschat^s], éprouver

защита [zaschita], défense

щёголь [schiog^al^i], dandy

щит [schit], bouclier

щавель [schaviél^i], oseille (légume)

ENTRAÎNEMENT – LES LETTRES DANS LEUR CONTEXTE

ъ

съ съ

въ въ

ъе ъе

въезд [v°iést], *entrée* въезд

подъём [pad°iom], *montée* подъём

адъютант [ad°iut**a**-nt], *aide de camp* адъютант

разъезд [raz°iést], *déplacement* разъезд

отъехать [at°i**é**Hat^s], *s'éloigner* отъехать

ENTRAÎNEMENT – LES LETTRES DANS LEUR CONTEXTE

ы

ыс   ыс

мы   мы

ый   ый

вымытый [vymytyï], lavé   вымытый

рыба [ryba], poisson   рыба

тыл [tyl], arrière   тыл

быстрый [bystryï], rapide   быстрый

пыль [pyl'], poussière   пыль

ENTRAÎNEMENT – LES LETTRES DANS LEUR CONTEXTE

ть ть

ье ье

ья ья

соль [sol'], *sel* соль

нить [nit^s], *fil* нить

судья [soud**ia**], *juge* судья

жизнь [jyzgne], *vie* жизнь

пьяный [p**ia**nyï], *ivre* пьяный

ENTRAÎNEMENT – LES LETTRES DANS LEUR CONTEXTE

Э

эх эх

аэ аэ

эт эт

мэр [mêr], *maire* мэр

силуэт [silou-êt], *silhouette* силуэт

эхо [êHᵃ], *écho* эхо

эколог [ikolak], *écologiste* эколог

эффект [êfiékt], *effet* эффект

ENTRAÎNEMENT – LES LETTRES DANS LEUR CONTEXTE

Ю

юг *юг*

лю *лю*

яю *яю*

клюющий [kliou-**iou**schiï], *picorant* *клюющий*

юла [**iou**la], *toupie* *юла*

южный [**iou**jnyï], *du sud* *южный*

юбка [**iou**pka], *jupe* *юбка*

уют [ou-**iou**t], *confort* *уют*

ENTRAÎNEMENT – LES LETTRES DANS LEUR CONTEXTE

я

ия   ия

ся   ся

ян   ян

ясновидящая [yisnavidischa-ia], *voyante*   ясновидящая

язва [iazva], *ulcère*   язва

песня [piésnia], *chanson*   песня

являть [yivliat^s], *montrer*   являть

яйцо [yiïtso], *œuf*   яйцо

Exercices

DU MANUSCRIT À L'IMPRIMERIE

PANNEAUX DE SIGNALISATION
Écrivez les mots manuscrits suivants en majuscules d'imprimerie.

1. закрыто [zakry**t**ª], *fermé* ....

2. учёт [outch**iot**], *fermé pour cause d'inventaire* ....

3. объявление [ab°yivl**ié**ni-ié], *annonce* ....

4. открыто [atkry**t**ª], *ouvert* ....

5. часы работы [tchiss**y** rab**o**ty], *horaires* ....

6. поздравляем [pazdravl**ia**-iém], *félicitations* (littéralement, « nous félicitons ») ....
....

7. парикмахерская [parikm**a**iérska-ia], *salon de coiffure* ....
....

8. продукты [prad**ou**kty], *alimentation* ....

9. аптека [apt**ié**ka], *pharmacie* ....

10. банкомат [bankam**a**t], *distributeur (de billets)* ....

11. объезд [ab°**ié**st], *déviation* ....

12. опасно для жизни [apasnª dlia j**y**zni], *danger de mort* ....

EXERCICES

SIX PHRASES À TRANSCRIRE EN PRENANT SON TEMPS...
Écrivez les phrases suivantes en caractères d'imprimerie.

1. *Добрый день, друзья!*
[dobryï diégne drouzia], *Bonjour, les amis !*

....

2. *С уважением, Татьяна.*
[souvajêni-iém tatiana], *Cordialement (littéralement, « Avec respect »), Tatiana.*

....

3. *Прекрасно, давайте созвонимся в среду.*
[prikrasn[a] davaïtié sazvanimsia fsriédou], *Parfait, téléphonons-nous mercredi.*

....

4. *С кем вы разговариваете?*
[skiém vy razgavariva-itié], *À qui parlez-vous ?*

....

5. *Он наконец-то устроился на работу.*
[on nakaniétsta oustro-ilsia narabotou], *Il a enfin trouvé un travail.*

....

6. *Детский сад закрывается в шесть вечера.*
[diétskiï sat zakryva-itsa fchêst[s] viétchira], *L'école maternelle ferme à six heures du soir.*

....

DE L'IMPRIMERIE AU MANUSCRIT

SEPT GROUPES DE MOTS À TRANSCRIRE UN PEU PLUS VITE...
Écrivez les groupes de mots suivants en caractères manuscrits.

1. огромный баобаб [agromnyï baabap], *un énorme baobab*

   ....

2. зимняя свежесть [zimni-ia sviéjêst^S], *une fraîcheur hivernale*

   ....

3. пограничная территория [pagranitchna-ia tiritori-ia], *un territoire limitrophe*

   ....

4. несносный ребёнок [nisnosnyï ribionak], *un enfant insupportable*

   ....

5. требовательный начальник [triébavatilnyï natchal^inik], *un supérieur exigeant*

   ....

6. счастливый случай [schislivyï sloutchiï], *une chance, un heureux hasard*

   ....

7. жилищный вопрос [jylischnyï vapros], *la question du logement*

   ....

EXERCICES

DOUZE MOTS À TRANSCRIRE LE PLUS VITE POSSIBLE !
Écrivez les mots suivants en caractères manuscrits.

1. знакомство [znakomstv^a], *connaissance*

....

2. удача [oudatcha], *chance*

....

3. бельё [bilio], *linge*

....

4. выставка [vystfka], *exposition*

....

5. жжение [jjêni-ié], *brûlure*

....

6. решение [richêni-ié], *décision*

....

7. машина [machyna], *voiture*

....

8. результат [risoultat], *résultat*

....

9. щупальцы [schioupaltsy], *tentacules*

....

10. килограмм [kilagram], *kilogramme*

....

11. кошелёк [kachyliok], *porte-monnaie*

....

12. дендрарий [dindrariï], *arboretum*

....

EXERCICES

ENVOYEZ UN EMAIL PROFESSIONNEL !
Écrivez cet email en caractères manuscrits.

Кому Егор Решетов

От Яна Тучева

Тема РЕКОМИНВЕСТ – запрос документов

Дорогой Егор Иванович!
Разрешите представиться: меня зовут Яна Тучева.
Я пишу вам по просьбе коллеги. В приложении вы найдёте всю документацию.
Отличных выходных!
С уважением, Яна.

daragoï yigor ivanavitch! razrichytié pritstavitsa: minia zavout iana toutchiva. ia pichou vam papross'bié kaliégui. fprilajêni-i vy naïdiotié fsiou dakoumintatsy-iou. atlitchnyH vyHadnyH! souvajêni-iém, iana.

Cher Egor Ivanovitch ! Permettez-moi de me présenter : je m'appelle Iana Toutcheva. Je vous écris à la demande de mon/ma collègue. En pièce jointe, vous trouverez toute la documentation. Bon week-end ! Cordialement, Iana.

EXERCICES

PARLONS UN PEU DE LA RUSSIE...
Écrivez les phrases suivantes en caractères manuscrits.

1. Российская Федерация [rassiïska-ia fidiratsy-ia], *Fédération de Russie*

....

2. Москва – столица России. [maskva stalitsa rassi-i], *Moscou est la capitale de la Russie.*

....

3. Байкал – прекрасное озеро. [baïkal prikrasna-ié ozir^a], *Le Baïkal est un lac superbe.*

....

4. Кремль – название городских укреплений на Руси.
[kriéml^i nazvani-ié garatskiH ukripliénïi na roussi], *On appelle « Kremlin » les fortifications en ancienne Russie.*

....

5. Это чудесная древняя традиция.
[êta tchoudiésna-ia driévni-ia traditsy-ia], *C'est une formidable tradition ancestrale.*

....

6. Шишков – известный русский писатель.
[chychkof izviésnyï rousskiï pisatiél^i], *Chichkov est un célèbre écrivain russe.*

....

ÉCRITURES RUSSES

PLUSIEURS PERSONNES ONT ÉCRIT LE MÊME MOT.
Écrivez-le en caractères d'imprimerie. Pour vous aider, il y a autant de traits dans l'encadré de réponse que de lettres dans le mot que vous cherchez.

Réponse : _ _ _ _ _ _ _ _ _

EXERCICES

DÉCHIFFREZ TOUS CES MOTS ÉCRITS À LA MAIN.
Écrivez-les en caractères d'imprimerie en dessous.

1. широкий

2. шкура

3. велюр

4. шевелюра

5. пожалуйие
6. пепел
7. Разрешение
8. Пофеддерешимеф

EXERCICES

9. Электричество

10. Проконтролировать

11. эволюционировать

12. Диагностировать

UNE CARTE POSTALE DE RUSSIE !

Déchiffrez ce message et écrivez-le en caractères d'imprimerie.

Дорогая Инна Сергеевна!
Поздравляю вас с днём рождения! Желаю вам счастья, безграничной любви, крепкого, как гранит, здоровья и успехов во всех начинаниях!
Вечно ваш,
Игорь.

Chère Inna Serguéevna !
Je vous souhaite un bon (littéralement : « félicite avec ») anniversaire ! Que vous ayez du bonheur, de l'amour infini, une santé solide comme du granit et du succès dans toutes vos entreprises !
Éternellement vôtre,
Igor.

EXERCICES

EN ROUTE POUR LE SUPERMARCHÉ !

Déchiffrez cette liste de courses et écrivez-la en caractères d'imprimerie.

1. картофель
2. морковь
3. свекла
4. 500 гр. мяса
5. колбаса
6. помидоры
7. 3 огурца
8. 1 кг. риса
9. пакет молока
10. 100 гр. икры
11. хлеб
12. пачка печенья
13. 1 бут. красного вина
14. банка зелёного горошка

COMPLÉMENTS

PRÉNOMS ET DIMINUTIFS

Les Russes utilisent beaucoup les diminutifs. Quasiment chaque prénom en a un officiel, et pour les prénoms qui n'en ont pas à proprement parler, on trouve toujours un surnom affectif (**Игорь** [igar^j] – **Игорёк** [igariok]). Si pour certains prénoms le diminutif consiste en une forme plus courte (**Александр** [aliksandr] – **Саша** [sacha]), pour d'autres cela n'est pas vraiment le cas (**Андрей** [andreï] – **Андрюша** [andrioucha]). Chaque prénom peut avoir plusieurs diminutifs : **Валентина** [valintina] – **Валя** [valia], **Валюша** [valioucha], **Валюся** [valioussia], **Валенька** [valigne-ka], etc. Comme en français, les diminutifs sont réservés aux bonnes connaissances et aux amis. Parfois, on les utilise pour marquer la relation plus intime ou plus familière.

Prénoms féminins

Анастасия – Настя

Анна – Аня

Валентина – Валя

Виктория – Вика

Екатерина – Катя

Елена – Лена

Елизавета – Лиза

Ирина – Ира

Надежда – Надя

Наталья – Наташа

Светлана – Света

Татьяна – Таня

COMPLÉMENTS

Prénoms masculins

Александр – Саша
Андрей – Андрюша
Алексей – Алёша
Виктор – Витя
Владимир – Вова
Иван – Ваня

Константин – Костя
Михаил – Миша
Николай – Коля
Пётр – Петя
Роман – Рома
Юрий – Юра

CLAVIER D'ORDINATEUR RUSSE

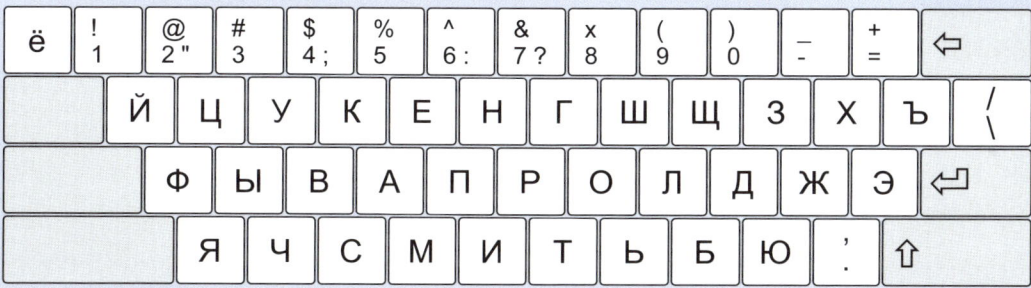

Vous pouvez configurer facilement votre clavier en cyrillique en installant la police cyrillique disponible dans les logiciels de votre ordinateur. Ensuite, plusieurs solutions s'offrent à vous. La plus simple consiste à acheter un clavier avec les touches à deux alphabets, latin et cyrillique. Sinon, optez pour des gommettes à coller sur les touches de votre clavier ; à moins d'apprendre par cœur la disposition des touches russes…
Vous pouvez également télécharger un clavier « virtuel » sur votre écran et appuyer sur les touches virtuelles à l'aide de votre souris.

LES CORRIGÉS

Exercice page 111
PANNEAUX DE SIGNALISATION

1. ЗАКРЫТО
2. УЧЁТ
3. ОБЪЯВЛЕНИЕ
4. ОТКРЫТО
5. ЧАСЫ РАБОТЫ
6. ПОЗДРАВЛЯЕМ
7. ПАРИКМАХЕРСКАЯ
8. ПРОДУКТЫ
9. АПТЕКА
10. БАНКОМАТ
11. ОБЪЕЗД
12. ОПАСНО ДЛЯ ЖИЗНИ

Exercice page 112
SIX PHRASES, À TRANSCRIRE EN PRENANT SON TEMPS...

1. Добрый день, друзья!
2. С уважением, Татьяна.
3. Прекрасно, давайте созвонимся в среду.
4. С кем вы разговариваете?
5. Он наконец-то устроился на работу.
6. Детский сад закрывается в шесть вечера.

Exercice page 113
SEPT GROUPES DE MOTS, À TRANSCRIRE UN PEU PLUS VITE...

1. огромный баобаб
2. зимняя свежесть
3. пограничная территория
4. несносный ребёнок
5. требовательный начальник
6. счастливый случай
7. жилищный вопрос

Exercice page 114
DOUZE MOTS... À TRANSCRIRE LE PLUS VITE POSSIBLE !

1. знакомство
2. удача
3. бельё
4. выставка
5. жжение
6. решение
7. машина
8. результат
9. щупальцы
10. килограмм
11. кошелёк
12. дендрарий

Exercice page 115
ENVOYEZ UN EMAIL PROFESSIONNEL !

Дорогой Егор Иванович!
Разрешите представиться: меня зовут Яна Тучева.
Я пишу вам по просьбе коллеги.
В приложении вы найдёте всю документацию.
Отличных выходных!
С уважением, Яна.

LES CORRIGÉS

Exercice page 116
PARLONS UN PEU DE LA RUSSIE...

1. Российская Федерация
2. Москва – столица России.
3. Байкал – прекрасное озеро.
4. Кремль – название городских укреплений на Руси.
5. Это чудесная древняя традиция.
6. Шишков – известный русский писатель.

Exercice page 117
PLUSIEURS PERSONNES ONT ÉCRIT LE MÊME MOT.

шиномонтаж
[chynamant**a**j], *montage de pneu*

Exercice pages 118 à 120
DÉCHIFFREZ TOUS CES MOTS ÉCRITS À LA MAIN

1. широкий [chyrok**i**ï], *large*
2. шкура [chk**ou**ra], *peau (d'un animal)*
3. величие [vilitchi-i**é**], *grandeur*
4. шевелюра [chyvili**ou**ra], *chevelure*
5. полнолуние [palnal**ou**ni-ié], *pleine lune*
6. пепел [p**ié**p^{ié}l], *cendre*
7. Разрешение [razrichêni-i**é**], *permission*
8. Параллелепипед [paraliéliépip^{ié}t], *parallélépipède*
9. Электричество [^{ê}likritchistv^a], *électricité*
10. Проконтролировать [prakantraliravat^s], *contrôler*
11. эволюционировать [^{ê}valioutsy-aniravat^s], *évoluer*
12. Диагностировать [di'agnastiravat^s], *diagnostiquer*

Exercice page 121
VOUS AVEZ REÇU UNE CARTE POSTALE DE RUSSIE !

Дорогая Инна Сергеевна!
Поздравляю вас с днём рождения!
Желаю вам счастья, безграничной любви, крепкого, как гранит, здоровья и успехов во всех начинаниях!
Вечно ваш, Игорь.

Exercice page 122
EN ROUTE POUR LE SUPERMARCHÉ !

1. картофель [kartof^{ié}l], *pomme de terre*
2. морковь [markof^j], *carotte*
3. свекла [sv**i**kla], *betterave*
4. 500 гр. мяса [pits**o**t gramm**a**f mi**a**ssa], *500 g de viande*
5. колбаса [kalbass**a**], *saucisson*
6. помидоры [pamid**o**ry], *tomates*
7. 3 огурца [tri agourts**a**], *3 concombres*
8. 1 кг. риса [ad**i**n kilagr**a**m r**i**ssa], *1 kg de riz*
9. пакет молока [paki**é**t mal**a**ka], *une brique de lait*
10. 100 гр. икры [sto gram**a**f ikr**y**], *100 g de caviar*
11. хлеб [Hli**é**p], *pain*
12. пачка печенья [p**a**tchka pitchi**é**nia], *un paquet de gâteaux*
13. 1 бут. красного вина [adn**a** bout**y**lka krasn**a**va vin**a**], *1 bout. (bouteille) de vin rouge*
14. банка зелёного горошка [b**a**nka zili**o**nava gar**o**chka], *une boîte de petits pois*

Crédits iconographiques
Shutterstock : © olillia : 122 © Creatarka : 124

Création et réalisation : Céladon éditions

© 2016, Assimil
Dépôt légal : juillet 2016
N° d'édition : 4253 - avril 2023

ISBN : 978-2-7005-0744-7

www.assimil.com

Imprimé en Roumanie par Master Print